Janet

KT-479-432

C152779047

Milet
Picture
Dictionary
English·Somali

Milet Publishing Ltd
6 North End Parade
London W14 OSJ
England
Email info@milet.com
Website www.milet.com

First published by Milet Publishing Ltd in 2003

Text © Sedat Turhan 2003
Illustrations © Sally Hagin 2003
© Milet Publishing Ltd 2003

ISBN 1840593598

Printed in Belgium

Milet

Picture
Dictionary
English·Somali

Text by **Sedat Turhan**

Illustrations by **Sally Hagin**

COLOURS/COLORS
MIDABADA

red
guduud

orange
oranji

yellow
jaalle

green
cagaar

blue
buluug

purple
buluug madow
xigeen ah

grey
beey

pink
casaan

black
madow

white
caddaan

PLANTS
GEEDAHA

orchid
oorkiid

rose
ubax

sunflower
gabbaldaye

tree
geed

daisy
ubax guyeed

tulip
tulub

grass
caws

lily
ubax dayreed

daffodil
dafodil

branch
laan

leaf
caleen

watering can
caagga waraabiska

cactus
dacar

plant pot
dheriga ubaxa

FRUIT
KHUDAAR

cherry
sheeri

kiwi
kiiwi

apricot
mishmish

pear
guwaafe

fig
tiin

strawberry
farawla

peach
khuukh

banana
moos

mango
canbe

orange
burtuqaal

apple
tufaax

blueberry
canab duureed

lemon
liin dhanaan

grapes
canab

avocado
afokado

raspberry
rasberi

grapefruit
bambeelmo

pineapple
caananaas

ANIMALS
XAYAWAANKA

lion
libaax

zebra
dameer
farow

tiger
shabeel

giraffe
geri

elephant
maroodi

polar bear
xoorka cirifyada

penguin
shimbir
badeed

duck
boolo boolo

cow
sac

rooster
diiq

sheep
ido

goat
ri'

horse
faras

ANIMALS & INSECTS
XAYAWAANKA & CAYAYAANKA

bird
shimbir

dog
eey

cat
mukulaal

rabbit
bakayle

frog
rah

crab
carsaanyo

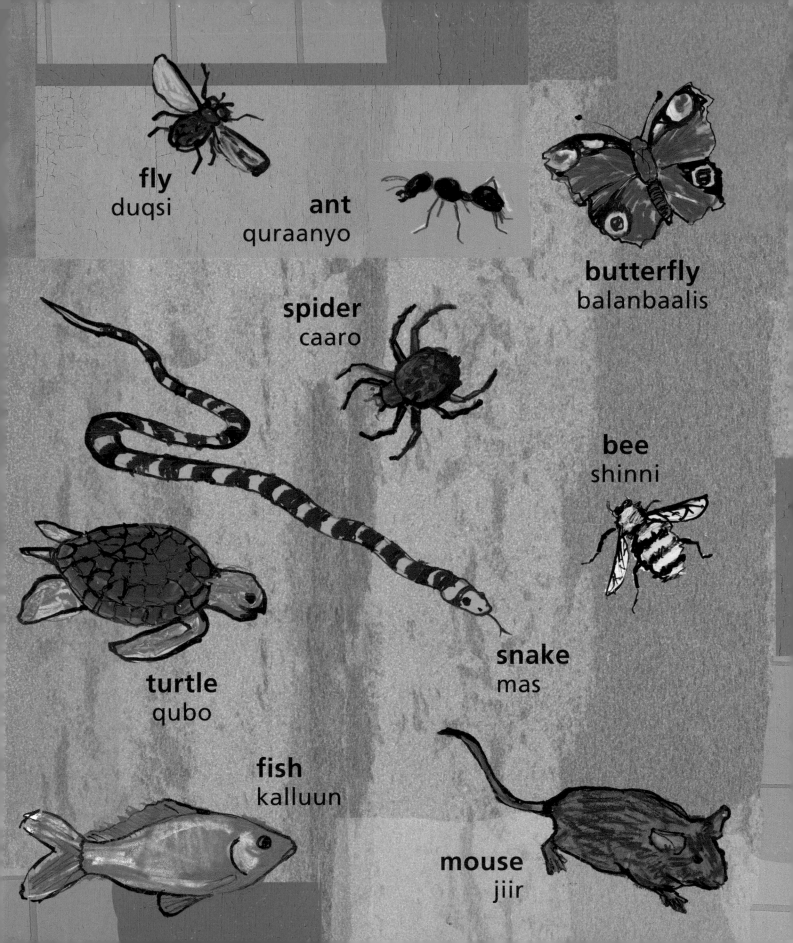

fly
duqsi

ant
quraanyo

butterfly
balanbaalis

spider
caaro

bee
shinni

snake
mas

turtle
qubo

fish
kalluun

mouse
jiir

HUMAN BODY
JIRKA BANIAADAMKA

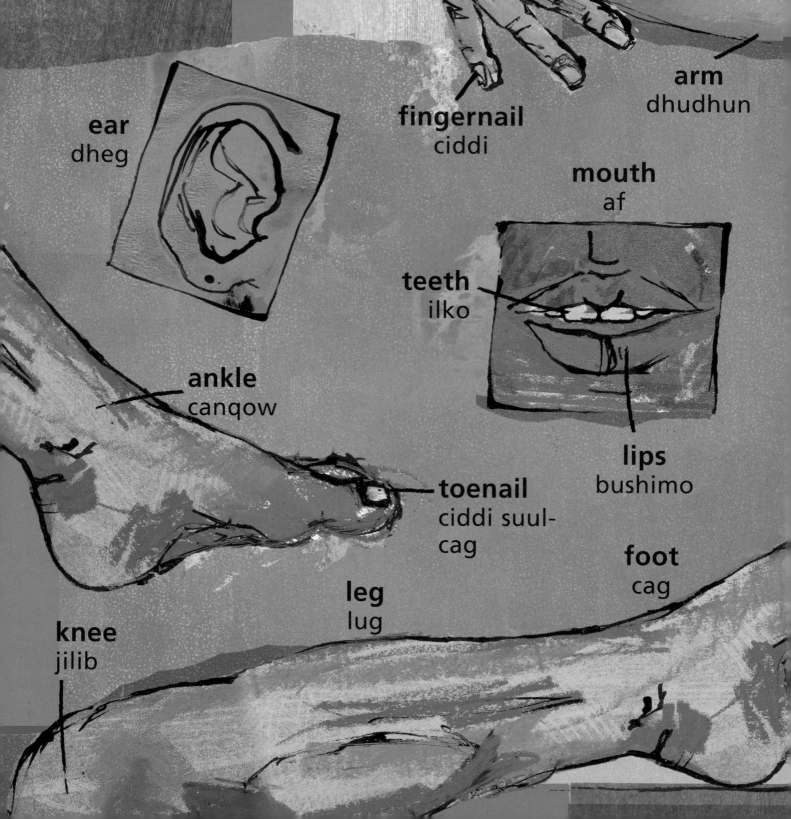

ear
dheg

fingernail
ciddi

arm
dhudhun

mouth
af

teeth
ilko

ankle
canqow

toenail
ciddi suul-
cag

lips
bushimo

foot
cag

leg
lug

knee
jilib

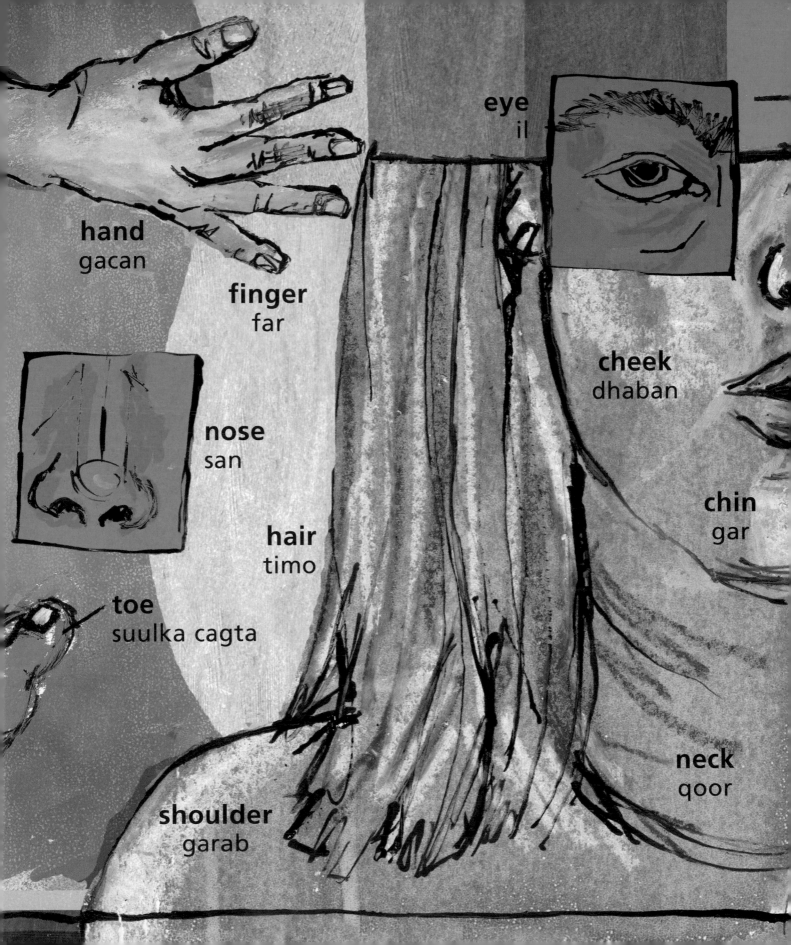

hand
gacan

finger
far

nose
san

hair
timo

toe
suulka cagta

shoulder
garab

eye
il

cheek
dhaban

chin
gar

neck
qoor

HOUSE & LIVING ROOM
GURIGA IYO BERSADDA

roof
saqaf

chimney
qiiq-qaade

house
guri

door
albaab

key
fure

candle
shumac

light bulb
guluub

armchair
kursi gacmo leh

picture
sawir

bookshelf
khaanadda buugta

cabinet
armaajo

window
dariishad

curtain
daah

vase
ubax haye

sofa
kuraas fadhi

lamp
nal

side table
miis gooni ah

KITCHEN
JIKADA

bowl
baaquli

glass
bakeeri

refrigerator
firintijeer

plate
saxan

napkin
af tir tir

teapot
kirli

cup
koob

table
miis

chair
kursi

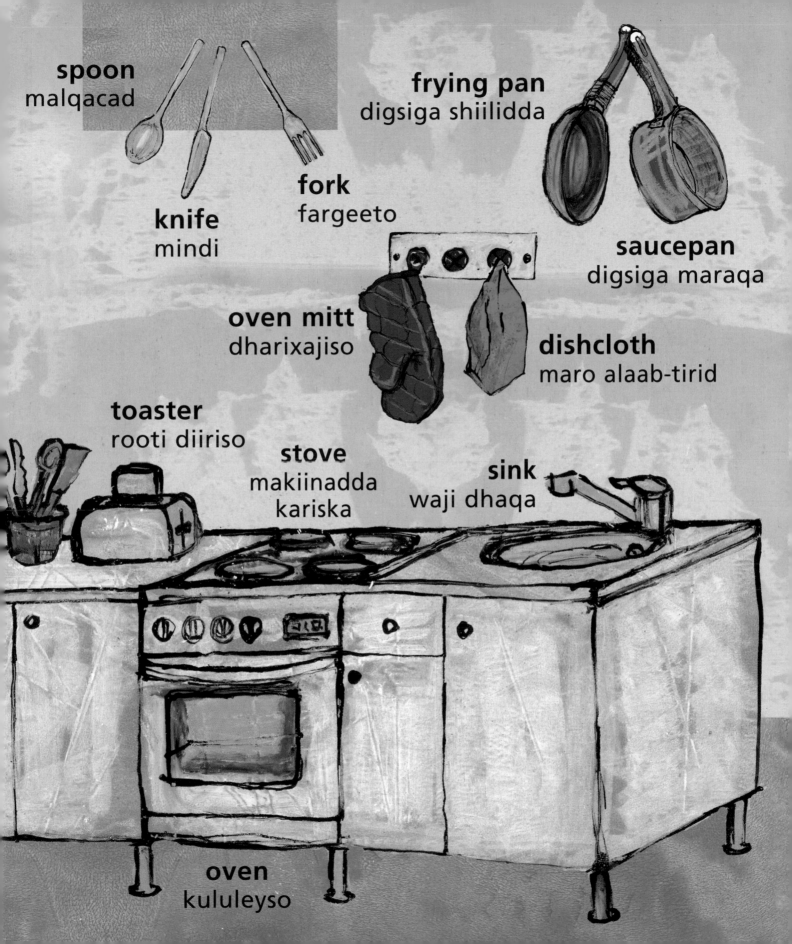

spoon
malqacad

frying pan
digsiga shiilidda

knife
mindi

fork
fargeeto

saucepan
digsiga maraqa

oven mitt
dharixajiso

dishcloth
maro alaab-tirid

toaster
rooti diiriso

stove
makiinadda
kariska

sink
waji dhaqa

oven
kululeyso

VEGETABLES
QUDAARTA

potato
baradho

green bean
digir cagaar

mushroom
baarabuq

asparagus
asberjos

carrot
daba case

onion
basal

pumpkin
bocor

peas
digir

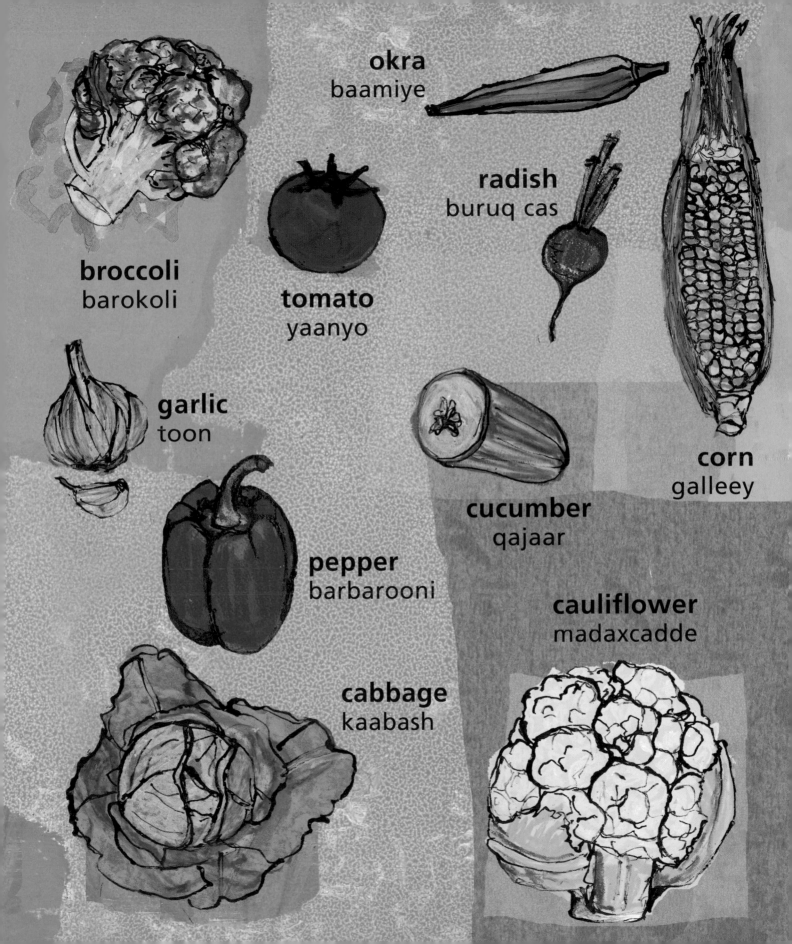

okra
baamiye

radish
buruq cas

broccoli
barokoli

tomato
yaanyo

garlic
toon

corn
galleey

cucumber
qajaar

pepper
barbarooni

cauliflower
madaxcadde

cabbage
kaabash

FOOD
CUNTADA

sandwich
saandiwiij

bread
rooti

cheese
farmaajo

milk
caano

butter
burcad

jam
malmalaado

honey
malab

egg
ukun

cereal
xubuub

raisins
sabiib

oil
saliid

fries
bataati shiilan

fruit juice
casiir qudradeed

spaghetti
baasto

chocolate
shukulaato

cake
doolshe

ice cream
jallaato

BATHROOM
MUSQUSHA QUBEYSKA

mirror
muraayad

towel
shukumaan

sink
waji dhaqa

toilet paper
warqadda musqusha

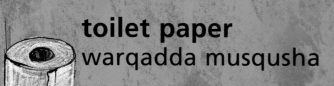

toilet
musqul

bathroom cabinet
armaajada musqusha
qubeyska

potty
tuuje

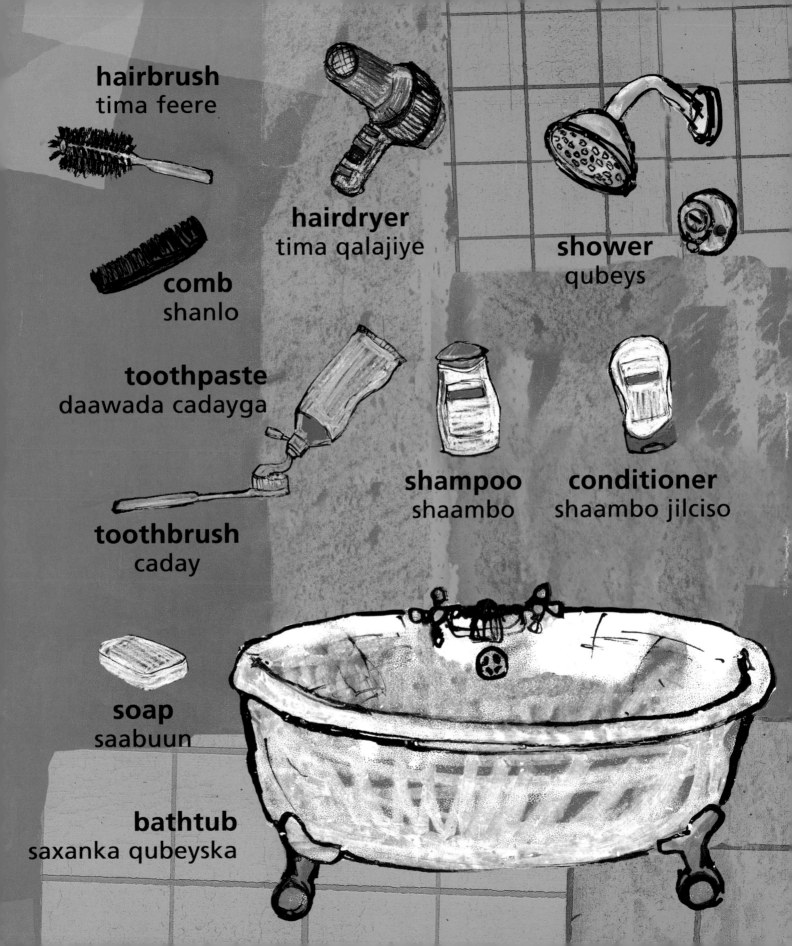

hairbrush
tima feere

hairdryer
tima qalajiye

shower
qubeys

comb
shanlo

toothpaste
daawada cadayga

shampoo
shaambo

conditioner
shaambo jilciso

toothbrush
caday

soap
saabuun

bathtub
saxanka qubeyska

BEDROOM
QOLKA HURDADA

bed
sariir

alarm clock
saacadda hurdada

bedside table
koomadiin

hanger
katabaan

rug
katiifad yar /
buste

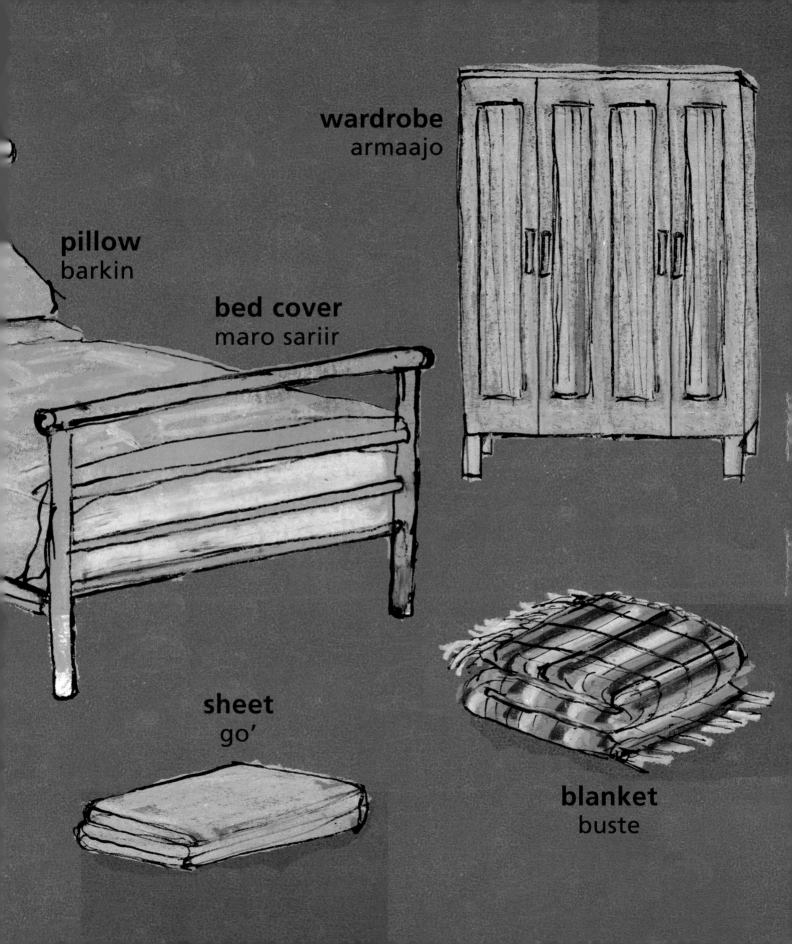

pillow
barkin

wardrobe
armaajo

bed cover
maro sariir

sheet
go'

blanket
buste

CLOTHING
DHARKA LA XIRTO

umbrella
dallad

gloves
gacma gashi

button
guluus

glasses
ookiyale

boxer shorts
daba gaab

T-shirt
funaanad
fudud

underpants
motonte

hat
koofiyad

sweater
funaanad
ciyaareed

jacket
jaakad

slippers
dacas

scarf
masar

backpack
boorsada
dhabarka

skirt
goono

shirt
shaati

handbag
boorso

socks
sharabaado

belt
suun

jeans
jiinis

pyjamas
dharka hurdada

shoes
kabo

shorts
daba gaab

COMMUNICATIONS
ISGAARSIINTA

telephone
telefoon

television
telefishin

DVD player
DVD wade

video recorder
fiidyow wade

remote control
fogaal hage

stereo
rikoor

camera
sawir qaade

video camera
sawir qaade socda

TOOLS
ALAABTA

screwdriver
kaashawiito

screw
musmaar

saw
miinshaar

stepladder
jaranjaro

nail
qodob

drill
direel

hammer
burris

shovel
badeel

vacuum cleaner
huufer

paint
rinji

SCHOOL & OFFICE
DUGSIGA IYO XAFIISKA

pencil
laabis

glue stick
xabag qalin

marker
calaamadiye

book
buug

stamp
farankaboolo

ruler
mastarad

pencil sharpener
qalin qorto

pencil case
kiishka qalimada

crayon
jeeso midabeysan

globe
carro edeg

scissors
maqas

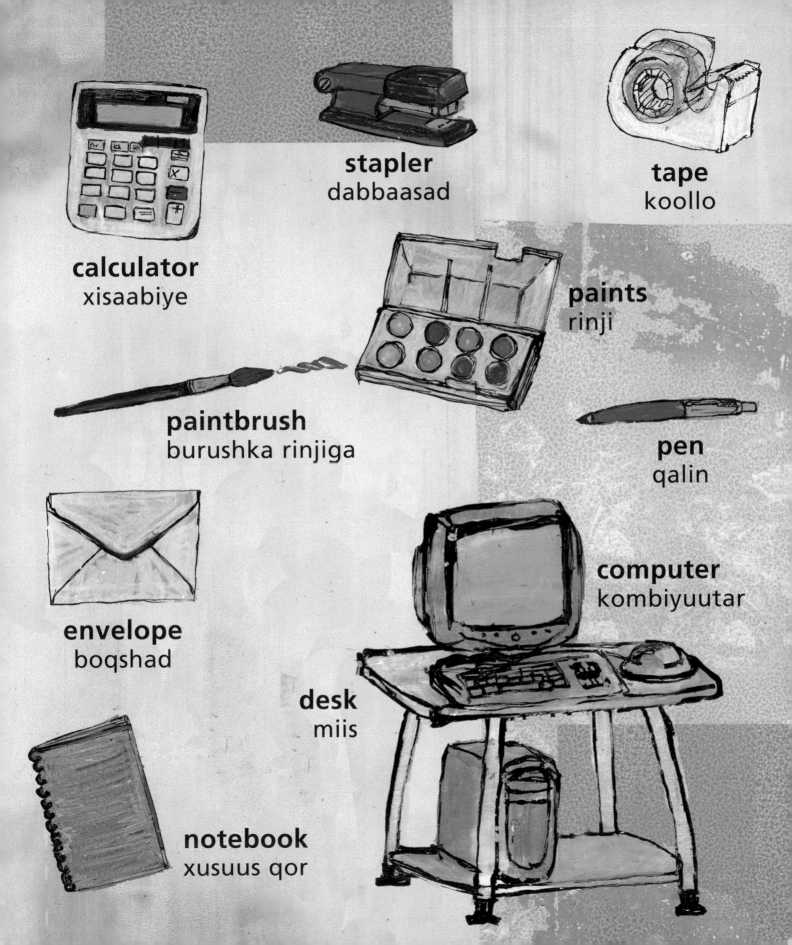

calculator
xisaabiye

stapler
dabbaasad

tape
koollo

paints
rinji

paintbrush
burushka rinjiga

pen
qalin

envelope
boqshad

computer
kombiyuutar

desk
miis

notebook
xusuus qor

NUMBERS
TIRADA

one
koow

two
laba

three
saddex

four
afar

five
shan

six
lix

seven
toddoba

eight
siddeed

nine
sagaal

ten
toban

SHAPES
QAABABKA

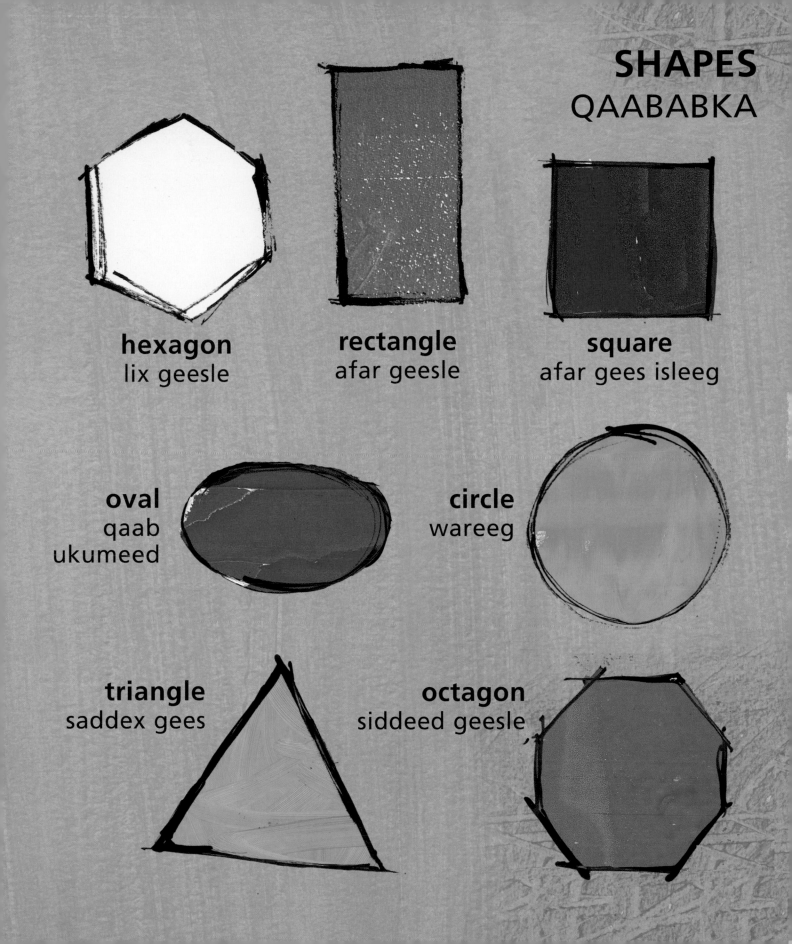

hexagon
lix geesle

rectangle
afar geesle

square
afar gees isleeg

oval
qaab
ukumeed

circle
wareeg

triangle
saddex gees

octagon
siddeed geesle

MUSICAL INSTRUMENTS
QALABKA MUUSIKADA

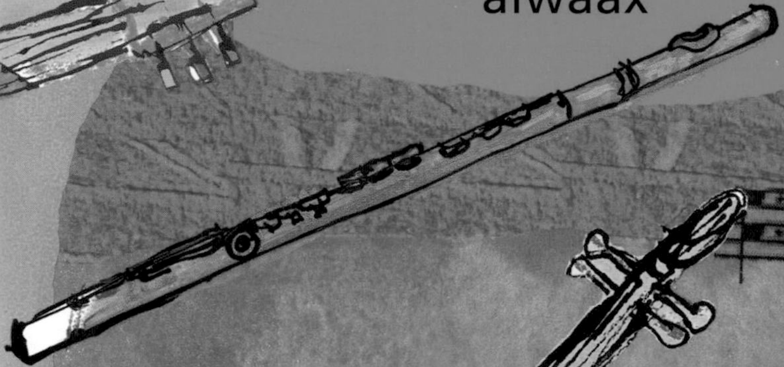

flute
turubo
alwaax

guitar
giitaar

violin
fiyoolin

saxophone
saksafoon

bongos
durbaan
dheer

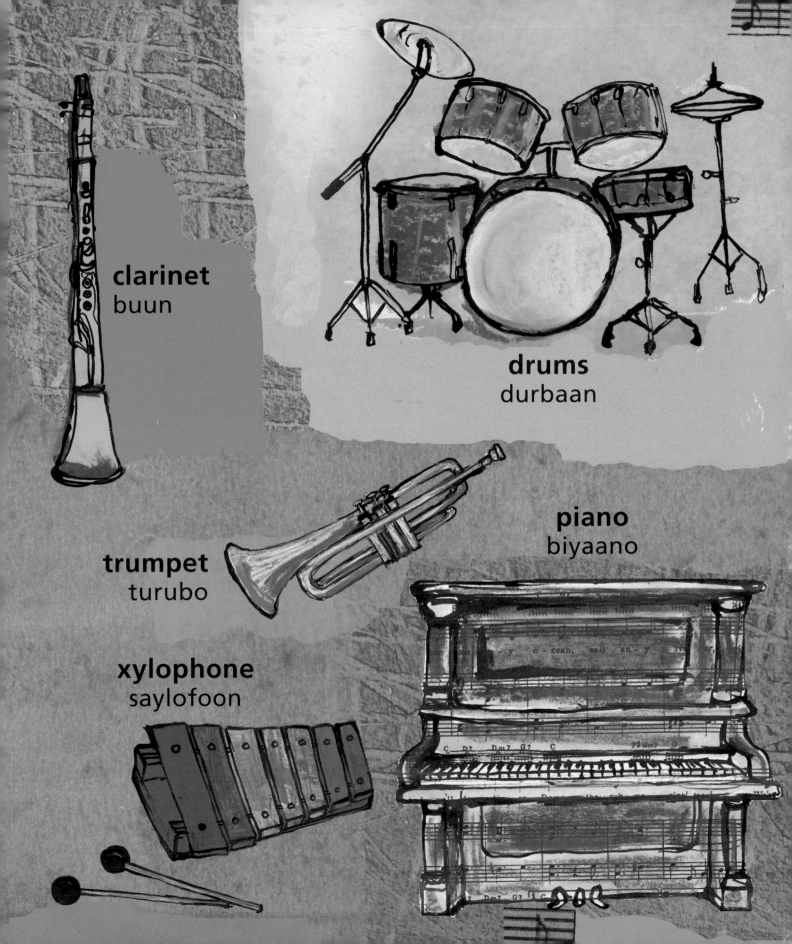

clarinet
buun

drums
durbaan

trumpet
turubo

piano
biyaano

xylophone
saylofoon

SPORTS & GAMES
CIYARAHA IYO TARTAMADA

skateboard
alwaax dhulka lagu ordo

video games
cajalad cayaar fiidiyow

cards
turub ciyaaris

**football /
soccer ball**
kubadda cagta

ice skates
kabaha barafka

rollerblades
kabaha barafka lagula ordo

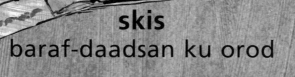

skis
baraf-daadsan ku orod

chess
jees

baseball
kubadda usha

basketball
kubadda koleyga

glove
gacmogashi

bat
fiidmeer

American football
kubadda cagta maraykanka

tennis ball
kubad miis

tennis racket
usha kubada miiska

cricket ball
kubadda usha

cricket bat
kubadda usha

TRANSPORTATION
GAADIIDKA

boat
doon

bicycle
baaskiil

train
tareen

car
fatuurad

motorcycle
mooto

ambulance
ambalaas

helicopter
helekobtar

plane
diyaarad

fire engine
matoor dab-demis

bus
kuryeeri

truck
gaari

tractor
cagaf

SEASIDE
BADDA

ball
kubad / banooni

sky
cirka

beach towel
shukumaanka xeebta

swimsuit
joogga dabbaasha

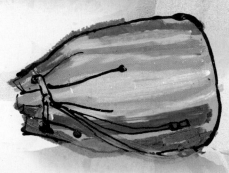

beach bag
boorso xeeb

sunglasses
ookiyaalaha qoraxda

sunscreen
daaha qoraxda

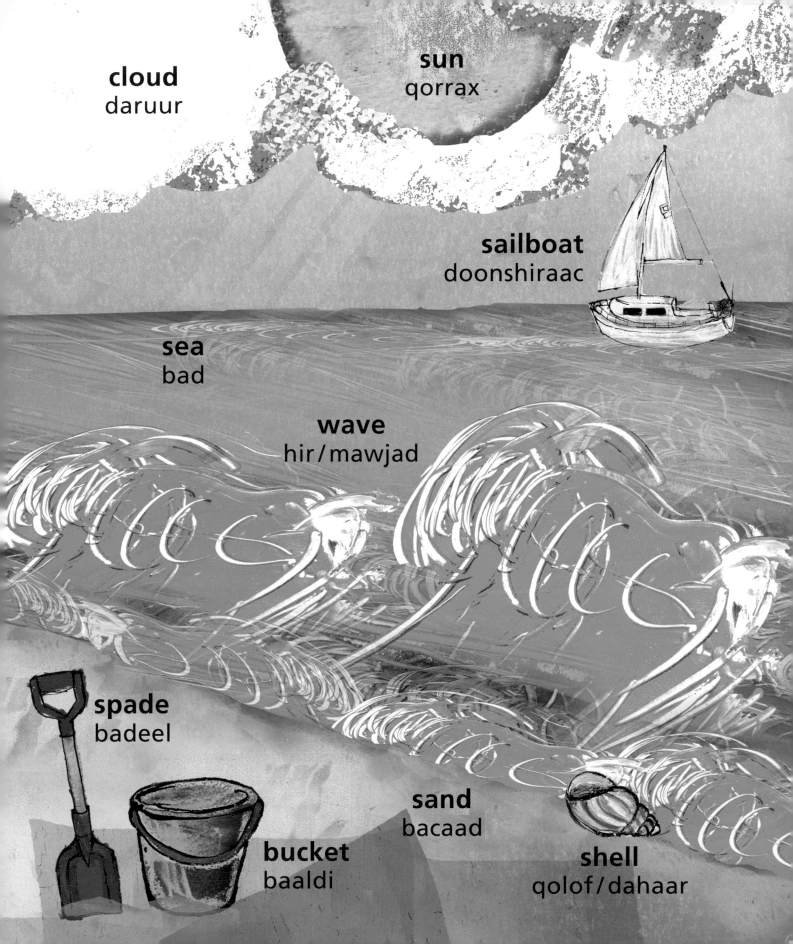

cloud
daruur

sun
qorrax

sailboat
doonshiraac

sea
bad

wave
hir / mawjad

spade
badeel

sand
bacaad

bucket
baaldi

shell
qolof / dahaar